L'ARTILLERIE

AU

SIÉGE DE STRASBOURG

EN 1870.

NOTES RECUEILLIES PAR UN OFFICIER DE L'ARTILLERIE SUISSE

Traduit de l'allemand

PAR

P. LARZILLIÈRE

CAPITAINE D'ARTILLERIE

Avec un Plan

PARIS

CH. TANERA, ÉDITEUR

LIBRAIRIE POUR L'ART MILITAIRE ET LES SCIENCES

Rue de Savoie, 6

1872

L'ARTILLERIE

AU

SIÉGE DE STRASBOURG EN 1870

PUBLICATIONS DE LA RÉUNION DES OFFICIERS

372 — Imp. H. Carion, rue Bonaparte, 64.

L'ARTILLERIE

AU

SIÉGE DE STRASBOURG

EN 1870

NOTES RECUEILLIES PAR UN OFFICIER DE L'ARTILLERIE SUISSE

Traduit de l'allemand

PAR

P. LARZILLIÈRE

CAPITAINE D'ARTILLERIE

Avec un Plan

PARIS

CH. TANERA, ÉDITEUR

LIBRAIRIE POUR L'ART MILITAIRE ET LES SCIENCES

Rue de Savoie, 6

1872

L'ARTILLERIE

AU

SIÉGE DE STRASBOURG EN 1870 [1]

Dans les épisodes si variés de la lutte gigantesque qui vient de finir entre la France et l'Allemagne, de nombreuses occasions ont été données non-seulement à l'artillerie de campagne, mais aussi à l'artillerie de forteresse, d'entrer en jeu et de faire valoir les perfectionnements introduits dans leur arme. La guerre de siége a pris un grand développement, et elle offre des exemples variés, parmi lesquels se fait remarquer avant tout le siége de Strasbourg : il est appelé à occuper une place considérable dans l'histoire de l'artillerie. La grandeur, l'importance et la force de cette forteresse avaient une vieille réputation ; de plus, le mode d'attaque et de défense était nouveau ; et surtout ce siége a été le premier exemple remarquable d'une opération de la guerre de siége, conduite jusqu'aux dernières péripéties d'une attaque en règle, faite avec une nouvelle artillerie rayée contre un ancien système de fortification ; enfin il fut, dans cette campagne, le premier conflit entre deux nouveaux systèmes d'artillerie essentiellement différents.

(1) Artilleristische Notizen über die Belagerung von Strasburg von einem Schweizerischen Artillerie-Offlziere. Frauenfeld. 1871.

La fortification de Strasbourg a été établie d'après le tracé bastionné. Avec son enceinte principale construite par Spekle suivant le vieux mode allemand et qui embrasse étroitement une ville compacte ; avec sa citadelle élevée par Vauban à l'est de la ville et qui se relie à l'enceinte ; avec ses ouvrages extérieurs établis également pour la plupart suivant les idées de Vauban et qui s'étendent assez loin en certains endroits, cette fortification ne peut plus répondre aux exigences de la science nouvelle, qui a dû se mettre à la hauteur des perfectionnements de l'artillerie.

La place de Strasbourg avait tous les défauts qui sont en général inhérents au tracé bastionné : le développement du feu de son artillerie était limité ; elle n'était pas à l'abri du tir à ricochet ni du tir d'enfilade ; ses communications n'étaient ni sûres ni faciles ; mais, outre cela elle manquait particulièrement de batteries casematées, d'abris pour les hommes et le matériel, et le mur d'escarpe n'était pas suffisamment protégé contre le tir en brèche à grande distance. Peu de temps auparavant, on avait bien cherché à remédier à tous ces inconvénients par l'établissement de nombreuses traverses, revêtues en maçonnerie, sur les remparts, et d'une enveloppe au saillant N.-O., le plus exposé à une attaque ; mais on avait entièrement négligé d'améliorer les ouvrages de la fortification et de les mettre en rapport avec les moyens d'attaque de l'artillerie moderne.

Toutefois, malgré tous ces défauts, la fortification de Strasbourg, par son étendue et son développement considérable ; par le fort profil et le grand commandement de ses ouvrages, en particulier de son enceinte principale, et surtout par ses profonds et larges fossés pleins d'eau, présente un obstacle très-sérieux pour l'assiégeant, déjoue une attaque de vive force, et oppose, même avec une faible défense, des difficultés considérables à un siége en règle. Ajoutons à cela, qu'à l'aide de la grande quantité d'eau fournie par l'Ill, un système d'écluses permet d'élever notablement le niveau de l'eau dans les fossés de la place, et de le faire varier d'une manière très-sensible; et même le terrain situé en avant des fronts N. et S.-E. peut être inondé suffisamment, pour qu'il ne reste plus d'abordable à une attaque régulière que le côté O., avec les deux saillants qui s'y trouvent.

Sans doute, la disposition des ouvrages empêchait une attaque de vive force, rendait difficile un siége régulier et devait entraîner une grande perte de temps et d'hommes; mais l'assiégeant se trouvait en présence d'une ville fort peuplée et étroitement resserrée; cette ville manquait d'abris pour la garnison, la population et les approvisionnements; elle était dépourvue de toute espèce d'ouvrages détachés, et le terrain qui la précédait, entrecoupé de maisons et de cultures, permettait à l'ennemi d'établir des batteries à longue portée, sans courir de dangers et sans être vu de l'artillerie de la place : l'assiégeant n'en devait être que plus naturellement amené à essayer l'attaque par le bombardement. Quelque objection que l'on puisse faire à un tel procédé, en faisant intervenir la question d'humanité à propos de guerre, il n'en est pas moins vrai qu'il y a peu de temps encore, les premières autorités militaires dans la science de la guerre de siége l'ont déclaré parfaitement équitable en certaines circonstances, et particulièrement en présence d'une faible garnison. Et même des écrivains militaires français, à propos de la discussion des défauts que présentent les forteresses françaises semblables à Strasbourg, ont regardé comme plausible et naturel le cas d'un bombardement.

La forteresse de Strasbourg est une des premières places d'armes de France; c'est la porte de l'Allemagne et la principale base d'opération dans cette direction; elle renfermait donc une énorme provision de matériel d'artillerie de toute espèce, suffisant non-seulement pour défendre vigoureuse-ment la place elle-même, mais encore pour fournir le parc d'artillerie de siége et des batteries de campagne. Il y avait environ 1,200 pièces d'espèces et de calibres divers. Pendant le siége, on employa principalement des canons rayés de 24 et de 12 et des mortiers lisses de 32 cent., de 27 cent., de 22 cent. et de 15 cent.; puis venaient encore en sous-ordre des canons de 4 rayés de campagne et de montagne, et des pièces lisses en quantité considérable qu'on porta sur les remparts, des canons de 8 et de 16, des obusiers de 12 cent. et de 15 cent.

Les pièces rayées de 24 et de 12, qui généralement ont formé jusqu'alors l'armement principal de l'artillerie fran-çaise de place et de siége, ont concouru à la défense de Strasbourg dans leurs deux acceptions différentes, c'est-à-dire comme canons de place et comme canons de siége : tous étaient en bronze et se chargeaient par la bouche, et ils étaient rayés d'après le même système que l'artillerie de campagne française. Les pièces rayées de 24 et de 12 de place étaient les anciens canons lisses de même calibre tran-formés ; les pièces de siége, au contraire, étaient neuves. Les deux espèces de bouches à feu de même calibre comportaient les mêmes munitions, savoir : des obus de 24 kilog. pour celles de 24 et de 11,5 kilog. pour celles de 12, plus des obus à balles et des boîtes à mitrailles de poids à peu près égaux. Pour les pièces de 12 seulement, il existait une légère diffé-rence dans le poids de la plus forte charge qui était de 1,4 kilog. pour celles de place, et de 1,2 kilog. pour celles de siége; les deux espèces de canons de 24 employaient la même charge maxima de 2,5 kilog.

A côté de ces poids exactement ou à peu près égaux des projectiles et des charges, il se présente une disproportion dans ceux des pièces au détriment des bouches à feu de place ; en effet, tandis que les poids des canons de siége sont de 2,056 kilog. pour le 24 et de 865 kilog. pour le 12, ceux des canons de place de même calibre s'élèvent respectivement à 2,754 kilog, et 1,650 kilog. La puissance de tir des pièces de place n'était guère capable de répondre à un pareil poids, et, avant la guerre, des voix s'étaient élevées avec raison dans l'artillerie française, pour en demander la suppression définitive. Outre le défaut, inhérent aux pièces se chargeant par la bouche, de ne pouvoir tirer aussi rapidement que possible, défaut particulièrement sensible dans la guerre de siége, l'action des pièces rayées, employées à la défense de Strasbourg, devait être amoindrie d'une manière déplorable, par suite du pitoyable système de fusées de l'artillerie française. Les obus des pièces rayées de 24 auraient dû réglementairement être pourvus de fusées percutantes, dont on trouve la description dans l'aide-mémoire de l'artillerie de campagne ; ces fusées, quoique passablement défectueuses, auraient toujours été préférables aux fusées fusantes à deux durées. qui servent aux autres canons rayés, et dont on semble avoir fait le plus souvent usage, même pour les obus de 24. On ne peut, à la vérité, tirer grand parti des éclats d'un obus, si l'éclatement ne se produit qu'aux distances comprises d'une part entre 1,600 mèt. et 1,700 mèt., de l'autre entre 3,000 mèt. et 3,200 mèt. Il en est de même pour les obus à balles qui sont munis de fusées à 4 durées déterminées ; et même ici, il arrive que, par suite d'une disposition subtile, les obus à balles des pièces de gros calibre ne commencent à éclater qu'à la distance où l'action de ceux des pièces légères atteint sa limite. Avec ce mode de fusées, les obus à balles de 12 ne pouvaient éclater qu'aux distances de 540 mèt., 850 mèt., 1,150 mèt. et 1,450 mèt., et ceux de 24 à 1,450 mèt., 1,950 mèt., 2,400 mèt. et 2,900 mèt. Les pièces rayées de 24 et de 12, ainsi que celles de 4 employées en sous-ordre, pouvaient bien rendre dangereuse une zône de terrain assez étendue, mais les obus et la mitraille qu'ils lançaient ne pouvaient avoir une action certaine sur des buts situés à des distances parfaitement déterminées.

La pièce relativement la meilleure dont disposait la défense de Strasbourg, mais qu'on s'étonne de ne pas avoir vu employer dans les proportions où elle pouvait l'être, était sans contredit le canon de 24 rayé de siége. Mais son affût avait le désavantage de ne donner à la ligne de tir qu'une élévation trop faible, à peine supérieure à celle que comportent les affûts de campagne. D'ailleurs les affûts de 12 de siége et les simples affûts de place de 24 et de 12 présentaient aussi le même inconvénient; et ces derniers, avec leurs châssis et leurs roulettes, permettant d'élever considérablement la pièce pour faire feu par-dessus le parapet occupent tant de place et comportent tant de détails, qu'ils devaient fortement donner prise à l'ennemi et être démontés facilement. Ainsi, les pièces rayées et les nombreux canons lisses, placés sur les remparts pour le flanquement et la défense rapprochée au moyen du tir à mitraille, furent forcés de tirer à travers des embrasures profondes, ou dans une disposition qui mettait à découvert et le matériel et les servants.

La place possédait un matériel, parfaitement convenable et très-précieux à la défense, en mortiers lisses de 32 cent., 27 cent., 22 cent. et 15 cent., se chargeant à $5^k,5$, $2^k,8$, 2^k et $0^k,25$ de poudre et lançant des bombes de 75 kilog., 57 kilog., 23 kilog. et 7,5 kilog. Malheureusement, pour pouvoir tirer complétement parti de ce matériel, il eût fallu un personnel nombreux et bien exercé, et il n'existait pas.

La légèreté avec laquelle la France avait déclaré la guerre se trouve encore démontrée par ce fait que, au moment où commencèrent les hostilités, il ne restait aucune garnison convenable dans la place : toutes les forces régulières avaient servi avant tout à former les armées qui devaient entrer en campagne. Ainsi, lorsque Mac-Mahon quitta Strasbourg pour aller se battre à Wœrth, il ne restait dans la place, en fait de troupes d'artillerie, que les dépôts, au plus 1200 hommes, des deux régiments qui y tiennent ordinairement garnison en temps de paix, plus 1000 hommes environ du régiment de pontonniers (on sait que l'organisation de l'artillerie française comprenait aussi le régiment de pontonniers) ; il s'y trouvait en outre une centaine de matelots, destinés à manœuvrer sur le Rhin la flottille cuirassée qui n'alla que jusqu'à Mulhouse et retourna plus tard à Paris, sur la Seine. Il faut ajouter encore environ 1000 hommes de l'artillerie de la garde mobile et de la garde nationale, à peine organisés et nullement exercés : après la bataille de Wœrth quelques artilleurs qui faisaient partie des fuyards se jetèrent dans Strasbourg ; la ville était déjà isolée et cernée par le corps d'investissement allemand qui s'avançait en toute hâte ; ces artilleurs ne purent donc s'échapper. Ainsi cette place devait employer au service de sa nombreuse artillerie un nombre tout à fait insuffisant d'hommes mal organisés et mal exercés.

La garnison de Strasbourg était encore beaucoup plus faible en troupes du génie, dont il n'existait à vrai dire aucune fraction constituée, et, au moment de la déclaration de guerre, on ne s'était pas plus occupé de faire faire les travaux d'armement, concernant l'artillerie et le génie et indiqués par les plus petites mesures de précaution dans une ville aussi rapprochée de la frontière, qu'on n'avait songé à y mettre une garnison convenable.

Lorsque, le 10 août, la division badoise commença l'investissement de la place, les travaux d'armement étaient à peine entrepris. Les pièces nécessaires à l'armement de sûreté se trouvaient à la vérité, du moins en partie, sur les remparts, parce que Strasbourg appartenait à cette classe des forteresses françaises qui doivent être continuellement pourvues, même en temps de paix, de leur armement de sûreté ; mais les remparts n'étaient pas encore disposés pour l'établissement de l'artillerie ; il n'existait aucun abri pour les pièces, aucune traverse, aucune casemate, aucun blindage ; les approvisionnements en matériel d'artillerie de toute espèce n'étaient même pas organisés ni placés à couvert. Le chemin couvert manquait de toute espèce de réduit ; on n'avait pas encore achevé de le palissader ; les fossés n'étaient pas encore entièrement remplis d'eau, et loin de songer à se fortifier solidement dans les villages de Schiltigheim et de Kœnigshofen, dont le peu de distance au rempart était favorable à l'attaque, on n'avait même encore rien fait pour dégager les vues de la place. Il est clair que, même en faisant abstraction du manque de garnison et du désordre qui régnait dès le début dans la place, on ne pouvait réparer en peu de jours la négligence qui avait présidé à l'armement. D'ailleurs, voyant combien la garnison avait peu envie de prendre l'offensive, l'ennemi parvint bientôt à cerner entièrement la ville, et à s'établir tout près des ouvrages, à Schiltigheim et à Kœnigshofen ; et il ne négligea point de faire de fréquentes démonstrations sur les glacis, de bombarder les ouvrages et même la ville au moyen de batteries de campagne, qui changeaient de positions, afin de troubler le plus possible les travaux d'armement. Ainsi le défenseur, qui ne parut pas comprendre de quelle utilité pouvait lui être l'activité de la population de Strasbourg, parvint à peine à achever le palissadement du chemin couvert (d'une façon d'ailleurs peu rationnelle), à compléter ce qu'il y avait de nécessaire dans l'organisation de l'artillerie, à établir les barricades indispensables, et à dégager les vues de la place immédiatement en avant des ouvrages, pendant que l'assiégeant organisait

son corps de siége et l'amenait devant la ville avec un riche
matériel, afin d'essayer tout d'abord de la réduire par le
bombardement et de commencer aussitôt, dans le cas où
cette tentative n'aboutirait pas, l'attaque régulière.

Au moment où la guerre éclata, un parc de siége était
déjà établi dans les forteresses prussiennes en prévision des
besoins : pour entreprendre l'attaque principale, le chemin
de fer amena devant Strasbourg 4 divisions de Magdebourg,
une de Coblentz et une de Wesel avec un total d'environ
300 bouches à feu ; en même temps arrivait une énorme
quantité de munitions et tout ce qu'exigeait le service du
siége, les voitures, les machines, les provisions, les outils et
le matériel de toute espèce : les premières divisions étaient
déjà arrivées le 24 août. Outre cela, pour l'attaque qui devait se faire simultanément de Kehl contre la citadelle, la
place de Rastadt tira de son matériel d'artillerie de forteresse
les pièces nécessaires, au nombre de 45, dont 16 canons
rayés de 12 et 16 de 24 (1), se chargeant par la culasse, 5 mortiers lisses de 23 cent. (24 livres) et 8 de 28 cent. (60 livres). De toute la masse de pièces destinées à l'attaque principale, les deux tiers étaient des canons rayés de 9 cent.,
12 cent. et 15 cent. (6, 12 et 24 livres) se chargeant par la
culasse, et l'autre tiers consistait en mortiers lisses de
15, 23, et 28 cent., auxquels vinrent encore s'ajouter dans le
courant du siége 2 mortiers rayés de 21 cent. se chargeant
par la culasse. Les différents calibres des canons rayés entraient au total dans les proportions suivantes : 2 dixièmes
de 9 cent., moitié de 12 cent. et 3 dixièmes de 15 cent. ;
pour les mortiers, il y en avait la moitié de 15 cent., un
quart de 23 cent. et un quart de 28 cent. Les pièces rayées

(1) L'auteur désigne les pièces par leurs calibres en centimètres
ainsi les canons de 6, 12 et 24 livres sont appelés aussi canons de 9 centimètres, de 12 c. et de 15 c.　　　　　　(*Note du traducteur.*)

des différents calibres étaient de construction tout à fait semblable, toutes munies de la fermeture à coins ; les canons de 9 cent., aussi en usage dans l'artillerie de campagne, étaient en acier fondu, avec plaques de fermeture pleines, permettant l'obturation par le culot ; les canons de 12, semblables à ceux de notre artillerie de position, étaient en bronze, ceux de 24 en fer fondu ; tous deux avaient un anneau obturateur en cuivre dans la plaque de fermeture. Les canons de 24 entraient aussi sous deux formes différentes, comme canons longs et canons courts : les canons longs, ainsi que ceux de 6 et de 12, avaient déjà été expérimentés d'une manière brillante devant les retranchements de Duppel en 1864 ; les canons courts apparaissaient alors pour la première fois sur le théâtre de la guerre, comme une création tout à fait nouvelle de l'artillerie prussienne. Ces pièces courtes rayées de 24 furent employées particulièrement pour le tir plongeant, et elles étaient destinées à remplacer d'une manière avantageuse les canons lisses et les obusiers, dont se composait jusque-là le parc de siége, savoir les bombardes de 25 livres et les obusiers de 25 et 50 livres. Elles sont sensiblement plus courtes et plus légères, et leur charge maxima est diminuée également : la longueur de l'âme est en effet de 2 mèt. 15, leur poids de 1475 kilog.. et la charge de 1 kilog. 5, tandis que les canons longs pèsent 2500 kilog., ont une longueur de 3 mèt. 04 et se chargent avec 3 kilog. de poudre. Le canon de 24 court tire un obus de même poids 27 kilog. 7 que celui des canons de 24 longs ; mais cet obus est plus long de 2 calibres et demi, et est appelé pour cette raison obus allongé ; il a une chemise de plomb mince et soudée, et contient une charge explosible de 2 kilog. Quoique la charge ait été abaissée à 1 kilog. 5, le canon de 24 court, grâce à l'efficacité de son tir et à l'effet que produisent ses projectiles par le choc et l'éclatement, est capable de faire brèche dans le mur le plus solide, au moyen du tir plongeant à grande distance, en employant une quantité de munitions relativement faible. La forte charge explosible de ses obus, sa grande précision, et la disposition de son affût, qui permet d'élever considérablement l'axe de la pièce, rendent d'ailleurs le canon de 24 court capable d'atteindre tous les buts, auxquels on arrivait jusqu'ici avec les bombardes lisses et les lourds obusiers. Le parc de siége comptait 12 de ces canons, qui furent principalement employés à faire brèche dans les murs d'escarpe : en présence d'une ville qui manquait de réduits, de batteries enfoncées et de casemates, l'assiégeant n'avait pas besoin de chercher des moyens plus efficaces. — La pièce analogue au canon de 24 court prussien, le canon de 24 de siége français a aussi une âme courte et est monté sur un affût qui permet d'élever notablement la ligne de tir ; le poids de la pièce est beaucoup plus grand, la charge employée plus considérable ; mais la rapidité de son tir qui est bien inférieure et la charge explosible beaucoup plus faible de ses projectiles ne lui permettent pas de soutenir la concurrence.

Les calibres, le poids des projectiles et des charges des canons rayés de l'assiégeant étaient donc à peu près identiques et à peine supérieurs à ceux de l'assiégé ; mais la victoire était d'ailleurs certaine pour les Allemands : ils avaient en effet un nombre de pièces plus considérable ; la rapidité du tir est bien supérieure, avec les canons prussiens se chargeant par la culasse, à celle que comporte le système français, où le chargement se fait par la bouche ; de plus les fusées percutantes prussiennes sont presque sans défaut, et les fusées fusantes du système Richter, adaptées aux obus à balles permettent de les faire éclater sûrement et exactement à la distance que l'on veut. Outre cela, l'assiégé ne pouvait donner à son artillerie aucun abri, que celle de l'assiégeant n'eût pu renverser ; ses longs canons de 24 étaient capables de percer des cuirasses en fer assez épaisses, et ils étaient approvisionnés à cet effet de projectiles pleins en fonte grise, particulièrement destinés aux chaloupes cuirassées que les Français avaient eu l'intention de jeter sur le Rhin : ces boulets pesaient 34 kilog. 700. Au contraire, l'artillerie prussienne trouvait pour se protéger un grand avantage dans la disposition de ses affûts de siége : construits de la même manière pour toutes les pièces rayées, très-simples et très-maniables, ils donnent à la ligne de tir une hauteur de 1^{m}80 ; la construction des batteries est par là même essentiellement simplifiée, les servants ne sont pas exposés, l'ennemi ne peut apercevoir que la bouche de la pièce, et les embrasures, tout à fait planes, sont à peine visibles. Grâce au chargement par la culasse, les servants et le matériel étaient peu exposés ; d'autant moins, qu'en arrière des roues des pièces mises en batterie, on plaçait de longs coins en bois sur lesquels elles montaient au moment du recul, pour redescendre ensuite d'elles-mêmes vers le parapet, une fois le coup parti.

Relativement aux mortiers, l'assiégeant en avait de 15, 23, 28 centimètres (7, 25, 50 livres), pièces se chargeant avec 0k,15, 1 kilog., et 1k.,9 de poudre et lançant des bombes du poids de 7, 30 et 59 kilog.: ceux de la place leur étaient plutôt supérieurs qu'inférieurs, par la puissance du tir et la qualité du matériel. Mais, sans parler même de ses deux mortiers rayés, l'artillerie prussienne était en état d'arriver à la supériorité du tir avec les mortiers : elle avait en effet à sa disposition un personnel nombreux et bien exercé, qui devait faire sentir à la place, plus encore que la qualité même des pièces, combien son artillerie était inférieure à celle de l'assiégeant. Avec le train de siége étaient arrivées devant Strasbourg 29 compagnies prussiennes d'artillerie de forteresse, dont l'effectif sur le pied de guerre est de 204 hommes; à ces troupes s'ajoutèrent pendant le siége, pour l'exécution de l'attaque régulière, 2 compagnies wurtembergeoises et bavaroises ; d'ailleurs 4 compagnies badoises servaient les batteries de l'attaque secondaire, faite de Kehl contre la citadelle.

Les deux mortiers rayés que l'assiégeant employa comme nouveauté d'artillerie devant faire sensation, étaient les pièces d'essai provenant des expériences que l'artillerie prussienne faisait depuis plusieurs années, et qui étaient à peine terminées au moment où la guerre éclata. Construites pour servir de modèles, elles allaient encore être mises à l'épreuve dans une guerre réelle; pendant ce temps on travaillait à confectionner un nombre considérable de ces pièces en vue du siége de Paris. Le diamètre intérieur est de 20 cent., 9 ; la pièce, longue de 10 calibres, rayée, se chargeant par la culasse, est en bronze et munie d'une fermeture à coins : montée sur son affût elle lance sous un angle quelconque, avec des charges variant de 1 kilog., 5 à 4 kilog., des obus allongés pesant 82 kilog., renfermant une charge explosible de 7 kilog., 5, et munis d'une chemise en plomb mince et soudée : ces obus ont une longueur de 2,7 calibres. On pourrait plutôt appeler ces mortiers des obusiers rayés. Si l'on veut les désigner sous le nom de mortiers géants, il ne faut pas en chercher la raison dans le poids du projectile ni de la charge, mais dans ceux de la pièce (3,200 kilog.) et de l'affût (3,750 kilog.) ; les mortiers lisses tirent en effet avec des charges semblables des bombes presque aussi lourdes. Le poids relativement énorme du mortier rayé, les détails nombreux, le temps et le nombre d'hommes qu'exige sa manœuvre l'empêcheront encore longtemps de remplacer les mortiers lisses ; mais il leur est supérieur par la portée et la rapidité du tir, ainsi que par la plus forte charge explosible

2

de ses projectiles qui peuvent en outre, grâce à la fusée per-
cutante dont ils sont armés, faire explosion au moment même
de leur chute. L'affut en bois est muni de 2 roues légères et
d'une lunette permettant de l'adapter à un avant-train ; de
sorte que la pièce peut être transportée, et qu'au moment du
tir l'affût glisse sur la plate-forme comme un traîneau. Ces
mortiers rayés paraissent d'ailleurs avoir été amenés devant
la place beaucoup plutôt pour continuer les expériences que
pour y jouer un rôle extraordinaire dans le siége ; leur nombre était même trop petit pour produire un résultat bien
remarquable.

Aussitôt qu'une partie du parc de siége fut arrivé devant
Strasbourg, on commença le bombardement. Afin d'arriver
plus tôt par ce moyen à amener la redditition de la place,
l'assiégeant chercha d'une part à détruire les établissements
militaires et les magasins, afin de paralyser la résistance et
de réduire les habitants à demander la capitulation ; d'autre
part, en bombardant la citadelle, il s'efforça de priver la
garnison de son dernier refuge et de lui enlever les moyens
et l'envie de résister énergiquement à une pression des habitants, demandant à capituler. Le bombardement commença
le 24 août et fut continué jusqu'au 27. Contre la ville fut
dirigé le feu des batteries numérotées de 1 à 13, armées d'environ 60 pièces de fort calibre et de mortiers, et établies en
face du front ouest depuis Kœnigshofen jusqu'à Schiltigheim ;
les plus rapprochées étaient à peine à plus de 800 mètres
des ouvrages extérieurs. Au feu de ces batteries se joignait
encore celui des batteries de campagne de l'armée de siége,
qui venaient s'établir particulièrement la nuit en face du front
sud, et changeaient constamment de place. L'intérieur de la
citadelle fut bombardé de Kehl par 32 pièces, disposées en
4 batteries au nord et au sud de cette petite ville ; elles ne
pouvaient être vues de la citadelle et couraient ainsi peu de

danger; de plus, l'assiégeant, au moyen d'observations faites du haut du clocher de Kehl, parvint à donner à son tir une telle précision, qu'il eut bientôt détruit et incendié les constructions que renfermait la citadelle. De même les batteries dirigées contre la ville furent peu troublées par la place, et leur œuvre de destruction fit de rapides progrès, sans avoir à souffrir de dégâts ni de pertes notables. Malgré cela le bombardement ne devait pas atteindre son but, et au bout de trois jours, on cessa de bombarder la ville: le train de siége avait été amené pendant ce temps-là, et tout était prêt pour commencer le siége régulier. Contre la citadelle au contraire et ses ouvrages extérieurs le bombardement exécuté de Kehl, continua sans interruption jusqu'à la fin du siége : le nombre des pièces qui y prirent part s'éleva jusqu'à 44, dont 8 canons de 24 et 8 mortiers de 28 centimètres en 2 batteries au nord, 8 canons de 24 et 16 de 12 en 3 batteries au sud de Kehl, et 4 mortiers de 23 centimètres en une batterie dans l'île de Sporen. Les ouvrages de fortifications particuliers à la citadelle furent peu endommagés, son magasin à poudre ne fut pas démoli, non plus que les casemates qui se trouvaient dans les bastions ouest; on les avait protégées en plaçant, en avant de leurs murs de face, un fort blindage en sacs à terre ; mais tous les bâtiments à l'intérieur de la citadelle furent détruits de fond en comble, il n'exista bientôt plus aucun abri suffisamment couvert pour les troupes ; il devint impossible de communiquer avec ce réduit ni d'y demeurer, et il ne resta plus à l'assiégeant aucun espoir d'en tirer parti.

Comme front d'attaque, l'assiégeant choisit, comme on devait le prévoir dans ces conditions, le front qui va du bastion XI au demi-bastion XII; il est situé au saillant nord-ouest de la place et tourne à angle aigu vers l'est : il est d'ailleurs renforcé par les deux lunettes nᵒˢ 52 et 53 qui s'avancent jusqu'à 400 mètres de l'enceinte principale. Le choix de ce front d'attaque était indiqué : l'artillerie de l'assiégeant y trouvait en effet le précieux avantage de pouvoir se déployer en embrassant la fortification ; le terrain en avant dominait un peu la place ; la nature argileuse du sol était favorable aux travaux, et de plus l'assiégeant restait en relation commode avec sa ligne de soutien. Il put se servir principalement du chemin de fer conduisant du Palatinat à Strasbourg, et qu'on pouvait suivre sans le moindre danger jusqu'à la station de Wendenheim, à 9 kilomètres de la place, point où il rencontre la ligne de Paris. On y amena tout le parc d'artillerie de siége qui y était en dehors des vues et des coups de la place ; arrivé là, il suivait, des deux côtés de la voie ferrée, les deux grandes routes qui passent tout près et conduisent en ligne droite au front d'attaque. Le parc était ainsi à l'abri, mais assez éloigné des batteries, particulièrement de celles de l'aile droite. Le parc d'artillerie renfermait ses magasins à poudre et à munitions, de nombreux ateliers de diverses espèces pour souder aux projectiles des pièces rayées leurs chemises de plomb, pour confectionner les munitions, pour réparer les canons et le matériel ; on y adjoignit un parc de plusieurs centaines de voitures de réquisition, destinées à transporter devant le front d'attaque les munitions et le matériel de construction des batteries. Pour ce matériel on avait établi tout près de la place, à Mundolsheim, dans la partie basse de la Suffel, un grand dépôt, abrité par la rive droite, qui est fort élevée.

Le défenseur n'avait pu, ni pendant ni après le bombardement, empêcher l'ennemi de s'établir dans Schiltigheim, au milieu du groupe de maisons situées en avant du front ouest, ainsi qu'à Kœnigshofen, ni triompher avec son artillerie des batteries rapprochées qui avaient été établies pour bombarder la place. L'assiégeant osa donc commencer ses travaux de siége tout près de la place et ouvrir sa première

parallèle et ses premières batteries à une distance des ouvrages beaucoup moindre que celle qui est généralement
admise en présence de l'artillerie rayée. Dans une seule
nuit, du 29 au 30 août, les approches de l'aile droite et de
l'aile gauche, conduisant au terrain, situé en arrière, à l'abri
des vues de la place, et la première parallèle furent tracées :
celle-ci, s'étendant sur une longueur d'environ 4,000 mètres,
passait à peine à 500 mètres en avant de la crête des glacis
de la lunette 52 et de la lunette 53, soit à 900 mètres des
bastions XI et XII. En même temps les dix premières batteries nos 14, 15, 16, 17, 19, 20, 21, 22, 23 et 25 furent construites dans la même nuit et armées de 42 pièces de 12; elles
s'avançaient jusqu'à 1,200 mètres de l'enceinte. L'assiégé
n'avait pas inquiété l'ouverture de la première parallèle,
non plus que la construction des batteries; il ne parut seulement pas avoir remarqué ces travaux, et, chose étonnante,
il sembla n'avoir pas songé à une attaque régulière de ce
côté. Tout au moins, rien ne fut préparé ni par le génie ni
par l'artillerie pour s'y opposer; et le 30 août au matin,
lorsque les batteries ci-dessus désignées, se joignant aux
batteries nos 1, 4, 5, 7 et 8 destinées au bombardement,
ouvrirent leur feu, l'artillerie de la place, surprise, ne fut
même pas en état d'y répondre avec un nombre de pièces à
peu près égal. Ne pouvant causer aucun dommage appré-
ciable à l'assiégeant avec ses pièces tirant mal et servies par
des hommes peu exercés, avec son système de fusées défec-
tueux, elle fut bientôt réduite au silence par les batteries enne-
mies; car celles-ci avaient été construites si près de la
place que leurs pièces de 12, grâce au zèle et à l'habileté des
chefs qui prenaient part au feu, pouvaient faire valoir pleinement leur puissance et leur rapidité de tir, déjà éprou-
vées.

La supériorité que le feu de l'assiégeant acquit dès le débu du siége lui resta sans que l'artillerie de la place pût remporter jamais le moindre succès ; cette supériorité ne fit au contraire que croître pendant le cours du siége et elle détermina les rapides progrès que fit l'assaillant, en sacrifiant relativement peu de monde. En réalité l'assiégé faisait de grands efforts pour compléter l'armement du front d'attaque ; mais il était trop tard pour réparer la négligence qui avait présidé ici, comme en général partout, aux dispositions relatives à l'artillerie. Et bientôt il renonça au combat à grande distance et fit cesser le tir de plein fouet, sans savoir cependant faire un usage efficace du tir plongeant, ni utiliser convenablement son artillerie pour le combat à petite distance. D'une manière générale on peut dire que l'artillerie de la place ne fit pas, à beaucoup près, ce qu'on pouvait attendre d'elle, même dans des circonstances aussi difficiles, et ce qu'on en aurait obtenu, si la défense avait été dirigée avec plus d'énergie et par un esprit plus entreprenant, sachant tirer parti, avec plus de prudence et avec plus d'habileté, des riches ressources qui existaient dans la ville, particulièrement en artillerie (1). — Ce jugement ne diminue en rien l'importance des effets produits par l'artillerie prussienne, ni le mérite acquis par ceux qui la dirigeaient. C'est avec les plus grands sacrifices et en déployant la plus grande activité, que l'artillerie de l'assiégeant assura à l'ingénieur une marche rapide ; constamment le nombre des batteries fut augmenté ; on sut avec hardiesse, mais cependant sans imprudence, profiter de la faiblesse de la défense ; et l'artillerie, suivant l'ingénieur sur le terrain dont il prenait possession, établissait ses pièces toujours plus près de la place, pour embrasser de tous côtés le front d'at-

(1) Nous faisons remarquer que c'est l'auteur allemand qui parle.
(N. de la R.)

taque et paralyser la défense en se rapprochant et en multipliant ses coups d'une manière continuelle.

Dans la deuxième nuit du siége, les Allemands, pendant qu'ils traçaient les approches qui devaient conduire à la deuxième parallèle, établissaient deux nouvelles batteries nᵒˢ 27 et 28. armées de pièces de 12 ; la première était encore plus près des ouvrages de la place que les précédentes. A peine la deuxième parallèle, tracée à 200 ou 300 mètres en avant de la première, fut-elle prête, que les batteries nᵒˢ 16, 17, 19 et 21 furent remplacées, dans la nuit du 3 au 4 septembre, par d'autres numérotées 16ₐ, 17ₐ, 19ₐ, 21ₐ : ces dernières étaient situées beaucoup plus en avant, sur la première parallèle : outre cela, on en construisit deux autres, nᵒˢ 29 et 30, armées égâlement de canons de 12. L'extension déjà considérable donnée au tir de plein fouet fut encore accrue d'une manière importante : on construisit, en effet, la nuit suivante, une grande batterie, nᵒ 33, dans une position dominante, et armée de huit pièces de 24 longues. Jusqu'à l'ouverture de la deuxième parallèle, l'assiégeant avait employé essentiellement le tir direct, au moyen de batteries d'enfilade et de batteries de plein fouet (*Demontir-batterie*); ayant atteint le but qu'il poursuivait ainsi et qui consistait à éteindre le feu direct de la place, il se vit en état de pouvoir se servir du tir en bombe, à distance moins grande et en proportion plus considérable. A cet effet, dans les deux nuits du 3 au 5 septembre, on établit sur la première parallèle les deux batteries nᵒˢ 31 et 32, armées de mortiers de 28ᶜᵐ (50 livres), et en avant de celles-ci, en partie sur la deuxième parallèle, les trois emplacements nᵒˢ 34, 36 et 37 reçurent des mortiers portatifs de 15ᶜᵐ (7 livres). En avant de la deuxième parallèle, les travaux du siége devaient être inquiétés et menacés par les ouvrages adjacents au front d'attaque, surtout par la grande lunette nᵒ 44, placée en avant du front ouest.

En réalité, cette lunette était déjà fortement endommagée et ses pièces démontées, mais son important réduit en maçonnerie, recouvert d'un masque de terre, était encore intact ; il fallait le rendre inhabitable. Le tir plongeant devait naturellement amener la solution de la question : c'est alors que les nouveaux canons de 24 courts et les mortiers rayés de 21^{cm} furent appelés à s'essayer devant l'ennemi. La batterie n° 5 reçut un supplément de quatre canons de 24 courts, et une nouvelle batterie, n° 35, fut construite pour les deux mortiers rayés. Ces deux batteries ouvrirent leur feu le 8 septembre ; il arriva bientôt à détruire le mur de gorge de la lunette et à ouvrir l'intérieur du réduit, malgré les efforts de l'assiégé pour le protéger au moyen d'une prodigieuse quantité de sacs à terre. Les mortiers rayés semblent avoir le plus contribué à enfoncer le réduit ; l'ennemi s'étant alors décidé à abandonner la lunette, ces deux mortiers tournèrent leur feu contre les bastions IX, XI et XII, sans avoir pu cependant parvenir, dans la suite du siége, à enfoncer le magasin à poudre du bastion XI. Les canons de 24 courts trouvèrent bientôt l'occasion d'éprouver d'un autre côté leur puissance dans le tir plongeant.

Jusqu'au 9 septembre, les batteries déjà existantes avaient été augmentées d'une batterie de plein fouet, n° 38, armée de pièces de 6 ; de la batterie n° 39, composée de pièces de campagne, et de la batterie de mortiers n° 40 ; de sorte que, ce jour-là, lorsque le génie commença à marcher en avant de la deuxième parallèle, l'artillerie se trouvait à côté de lui avec quatre-vingt-dix-huit canons rayés et quarante mortiers. Jusque-là, le feu de l'assiégeant avait obtenu une telle supériorité sur l'artillerie de la place, que celle-ci soutenait à peine son feu direct dans les ouvrages adjacents et se bornait essentiellement au tir en bombe ; et même ce tir, quoique fort développé, était conduit avec peu de mesure, avec peu de raison et plutôt avec de lourds mortiers, à grande distance, qu'avec des mortiers de petit calibre, contre les travaux les plus rapprochés de l'assiégeant. La grande extension donnée par l'assiégé au tir en bombe amena son adversaire à en faire autant, et dans la nuit du 11 au 12 septembre, la batterie de mortiers n° 8ᵃ remplaça l'ancienne batterie n° 8.

Le feu de l'artillerie de la place était si affaibli, et l'assiégé donnait, principalement sur le chemin couvert, si peu de développement aux feux de mousqueterie, que l'ingénieur put dépasser la deuxième parallèle en employant encore la sape volante, et dans la nuit du 11 au 12 septembre, il avait déjà construit de cette manière la troisième parallèle, qui touchait le pied du glacis de la lunette 53. Le tracé de la demi-parallèle suivit immédiatement ; elle arrivait à 30 mètres de la crète du glacis des lunettes 52 et 53. Il fut procédé ensuite au couronnement du chemin couvert, qui n'était pas défendu, et le 17 septembre il était terminé en avant des deux ouvrages. Pendant ce temps-là, l'artillerie avait continué ses progrès, avait remplacé la batterie n° 7 par celle n° 7ᵃ, sur la deuxième parallèle, et construit les nouvelles batteries de mortiers nᵒˢ 45 et 46 ; et elle s'était renforcée encore davantage en établissant, contre les ouvrages voisins du front d'attaque à l'est, la batterie de 12 n° 41 et la grande batterie de ricochet n° 43, armée de huit canons de 24 longs, dirigée particulièrement contre les ouvrages de la Finkmatt. En outre, la batterie n° 8 avait reçu quatre canons de 24 courts pour faire brèche, au tir plongeant, à la distance d'environ 800 mètres, et en dirigeant les coups assez obliquement, dans l'escarpe de la face droite de la lunette 53 ; ce tir s'exécuta pendant que le génie procédait au couronnement du chemin couvert. Malgré les circonstances défavorables en présence desquelles on se trouvait, ce tir plongeant, conduit d'une manière très-habile, réussit d'une façon brillante, et le nouveau canon justifia pleinement les espérances qu'on fondait sur lui, depuis les expériences faites en 1869, au Silberberg, sur le tir en brèche à grande distance. Le feu de cette batterie de brèche commença le 14 septembre, et le 16, au moyen de tranches horizontales et verticales, faites suivant la méthode la plus rigoureuse et non en détruisant sans règle aucune la maçonnerie, on avait obtenu une brèche praticable d'environ 15 mètres de large. Pendant que ce tir s'exécutait, on avait déjà commencé le couronnement du chemin couvert; de sorte que le second jour on tira par-dessus ce couronnement et qu'on fut obligé de changer la direction de la ligne de tir; on découvrait d'ailleurs et on occupait les galeries de mines situées en avant de la lunette 53, et à partir de leur entrée dans la contrescarpe de la face gauche, on put parfaitement observer les coups, d'après leurs points de chute et les traces qu'ils avaient laissées. L'angle de chute, sous lequel la brèche fut ouverte à environ moitié de la hauteur du mur, avait été au plus de 7°; sous cet angle, à 800 mètres, les obus allongés des canons de 24 courts ont encore une vitesse assez considérable pour que leur force de pénétration produise tout son effet contre une forte maçonnerie, comme c'était ici le cas. Des éclats de pierre et de projectiles ricochaient de la brèche jusque dans la deuxième parallèle.

On a pu discuter la question de savoir si, pour faire brèche dans les circonstances présentes, le tir plongeant offrait réellement un avantage sur le tir de plein fouet : l'expérience faite sur la lunette 53, en suivant le procédé méthodique, était la première de la guerre de siège et, en dépit des doutes qu'on avait émis à plusieurs points de vue, elle réussit à merveille. Ce fut en même temps une occasion favorable pour se préparer à l'emploi plus important et offrant un avantage incontestable, du tir plongeant contre l'enceinte principale de la place; le 14 septembre, la batterie nº 42 était déjà prête : elle était destinée, avec six canons de 24 courts, à faire brèche dans le bastion XI, par-dessus la contre-garde.

Pendant qu'en avant des lunettes 52 et 53 on exécutait le couronnement du chemin couvert et la descente de fossé, l'artillerie augmenta l'effet de ses batteries pour préparer l'occupation de ces ouvrages et protéger la marche ultérieure du siége : dans la nuit du 13 au 14 septembre, en avant de la deuxième parallèle, une batterie de ricochet, nº 44, avait été construite et armée de pièces de 6; puis, du 16 au 17 septembre, les anciennes batteries nºˢ 5, 17ᵃ, 19ᵃ et 21ᵃ furent remplacées par les batteries nºˢ 5ᵃ, 17ᵇ, 19ᵇ et 21ᵇ, les unes sur la deuxième parallèle, les autres au delà; on construisit ensuite les batteries de mortiers nºˢ 46, 47 et 48; et enfin, le 20 septembre, pour protéger la descente de fossé dans la lunette 53, on plaça dans le couronnement même du chemin couvert deux pièces de 6 pour contrebattre la face gauche de la lunette 52. En plein jour, sans être inquiété par l'artillerie de la place, on put construire la digue à travers le fossé de la lunette 53 : l'assiégé avait abandonné cet ouvrage; on trouva de même la lunette 52 abandonnée, lorsque, dans la nuit du 21 au 22, on y exécuta le passage du fossé au moyen d'un pont de tonneaux; la prise de possession de cet ouvrage se fit sous le feu de l'artillerie des ouvrages voisins. Non-seulement le défenseur avait abandonné ces importants dehors, quoique leurs casemates lui offrissent encore un abri très-sûr, mais il avait même négligé de rendre ces casemates, ainsi que le palissadement de la gorge de la lunette 52, incapables de servir à l'établissement de l'ennemi. Dans les deux lunettes, on trouva six pièces, les unes encore intactes, des canons rayés de 12 et des obusiers lisses : l'assiégeant les mit aussitôt à l'essai; dans le cas d'un assaut, des détachements d'artillerie, adjoints aux colonnes, devaient servir ces pièces françaises.

L'artillerie mit promptement à profit la conquête des lunettes 52 et 53 pour s'avancer davantage. Après avoir, dans la nuit du 20 au 21 septembre, construit deux batteries de mortiers, nos 49 et 50, contre la lunette 52 et les ouvrages adjacents 47, 48 et 49, on dirigea contre ces derniers, jusqu'au 23 septembre, la batterie 52 de 6 à ricochet, sur la troisième parallèle, et contre le front d'attaque lui-même la batterie no 55, armée de quatre pièces de 12, et les deux contre-batteries nos 53 et 54 dans le couronnement du chemin couvert; ces deux dernières avaient chacune deux pièces de 6. L'artillerie s'établissait ensuite dans les lunettes 52 et 53 ; dans la première avec la batterie de mortiers no 57 et dans la deuxième avec la batterie de mortiers no 56, à laquelle se joignit, le 25 septembre, la batterie de 6 no 60. En présence de tous ces progrès de l'artillerie assiégeante, la défense continuait à demeurer impuissante. L'artillerie de la place se bornait à envoyer des bombes des fronts et des dehors adjacents au front d'attaque; mais ce feu, quoique souvent très-vif et bien dirigé, n'avait pas d'effet bien remarquable et endommageait les batteries placées à grande distance, aux ailes de l'attaque, plus qu'il n'inquiétait les travaux rapprochés du siége. Le feu de mousqueterie que l'assiégé dirigeait contre ces travaux faisait bien quelques victimes, mais il n'était jamais assez nourri pour arrêter la marche rapide de l'ennemi; pendant le jour, des tirailleurs, postés dans les tranchées et dans le couronnement du chemin couvert, empêchaient ce feu de prendre trop d'extension, et la nuit il était rendu incertain par celui qu'entretenait l'artillerie de siége avec une activité toujours croissante.

Aussitôt après s'être établi dans la lunette 52, l'ingénieur s'avança, le plus souvent à la sape ordinaire, contre le che-

min couvert, vis-à-vis du saillant de la contregarde du ra-
velin 50, et longea ensuite le chemin couvert vis-à-vis de la
face droite de la contregarde du bastion XI; le 27 septembre,
le couronnement du chemin couvert était déjà terminé, et
on se préparait à descendre dans le fossé et à le franchir pour
arriver à la contregarde.

Pendant ce temps-là, la batterie n° 42, avec ses six canons
de 24 courts, avait fait brèche dans le mur d'escarpe de la
face droite du bastion XI, tout près du saillant : le mur avait
une épaisseur de 1ᵐ,5 à 2 mètres. Cette opération s'était faite
au moyen du tir plongeant, par-dessus la contregarde, à une
distance d'environ 850 mètres, dans l'espace de trois jours,
du 23 au 25 septembre. La tranche horizontale était disposée sur une longueur d'environ 25 mètres à 4ᵐ,5 au-dessous
de la berme, et toute la partie du mur comprise entre cette
tranche horizontale et les deux tranches verticales exécutées
aux deux extrémités, avait été renversée : de sorte que, pour
rendre la brèche suffisamment praticable, on n'avait plus
besoin que de quelques coups de canon, qui auraient achevé
de faire écrouler la masse de terre argileuse qui composait
le parapet et qui restait encore debout, en talus roide, derrière le mur abattu. C'était là la brèche principale, par où
l'assaut devait vraisemblablement avoir lieu. Dans la nuit du
23 au 24 septembre, la batterie n° 58 fut armée de quatre
canons courts de 24 : ces pièces, à environ 700 mètres, au
moyen du tir plongeant, firent encore une brèche accessoire
dans la face gauche du bastion XII, près de l'angle d'épaule;
l'opération eut lieu du 24 au 26 septembre. Ici le mur
s'écroula à mi-hauteur sur une longueur d'environ 15 mètres;
mais comme derrière le mur il y avait des voûtes, le parapet
se trouvait pour ainsi dire acculé et la masse des terres non
écroulée présentait une sorte de muraille à pic; la brèche
n'était donc pas encore praticable; cependant, en cas de be-

soin, on pouvait la rendre telle, sans difficulté et sans employer une quantité de munitions considérable. Ces deux brèches, faites sous un angle de 6° à 7°, donnaient un témoignage éclatant de la puissance de tir des canons de 24 courts, avec leurs obus allongés, ainsi que de l'habileté avec laquelle le feu avait été dirigé. Du champ d'attaque, on pouvait en partie apercevoir les brèches; ce qui facilitait la rectification du tir; on pouvait même, des travaux avancés du siége, faire des observations qui fournissaient encore des indications précieuses. L'étonnante précision que montrait la disposition des tranches verticales doit être attribuée à la justesse du canon de 24 court, et aussi à l'intelligence avec laquelle fut dirigé le tir. Si l'on compare les effets qu'obtint l'artillerie allemande, au siége de Strasbourg, dans le tir en brèche indirect, avec les résultats auxquels était arrivée l'artillerie française, lors des expériences qu'elle fit sur le même tir, en temps de paix, on ne sera pas étonné de l'impression profonde que ces effets produisaient sur les défenseurs de Strasbourg.

Outre l'exécution des brèches, on employa encore beaucoup le tir plongeant pour détruire les écluses établies à la sortie de l'Ill de la place, près de la lunette 63, et qui servaient à élever le niveau de l'eau dans les fossés, et à étendre l'inondation du terrain précédent et avoisinant le front d'attaque. La batterie n° 33, avec des canons de 24 longs, tirait à 1800 mètres sur ces écluses; les résultats obtenus étaient tels que le défenseur ne parvint à les faire résister qu'en travaillant continuellement à les réparer; il y dépensa une quantité incroyable de sacs à terre, environ 50,000. Pendant qu'on se préparait à franchir le fossé de la contregarde du bastion XI, la batterie 33 redoublait d'efforts pour détruire les écluses avec des obus allongés. Mais l'assiégé n'attendit ni le résultat de ce tir, ni la continuation des travaux d'attaque : le 27 septembre au soir il fit arborer le drapeau blanc, et la nuit suivante il signa la capitulation, aux termes de laquelle la place devait se rendre le lendemain.

Le jour de la capitulation, l'assiégeant disposait en tout de 40 batteries armées; établies aussi près et aussi favorablement que possible, les 190 pièces qui les composaient devaient continuer le tir ; et l'assiégé, ne se sentant plus en état de se relever avec l'énergie du désespoir, ni de déployer une résistance plus efficace et plus vigoureuse que celle qu'il avait montrée jusqu'alors, devait s'attendre à voir son ennemi atteindre rapidement la brèche et pénétrer par là dans la place. Outre les 190 pièces en batterie dont disposait l'attaque principale, un approvisionnement de 100 pièces environ restait encore au parc de siége ; de plus, l'attaque secondaire de Kehl contre la citadelle en employait 44, dont le feu avait déjà depuis longtemps ravi à l'assiégé tout espoir d'utiliser la citadelle comme réduit.

Du côté de l'attaque principale l'artillerie, dans tout le cours du siége, n'avait pas construit moins de 69 batteries : au fur et à mesure des progrès que faisait l'artillerie, on désarmait les plus anciennes, placées plus en arrière, dans des positions qui n'étaient plus assez avantageuses, et on transportait leurs pièces dans des emplacements plus favorables. De la sorte, les batteries nos 2, 3, 5-13, 17, 26, 29, 34, 36, 39, 47, 17ª, 19ª, 21ª ayant été abandonnées, 40 batteries étaient encore armées, au moment de la reddition de la place, ainsi qu'on l'a déjà mentionné ; elles comprenaient vingt-deux canons de 24 longs, dix canons de 24 courts, soixante-quatre pièces de 12, et vingt-trois de 6 ; plus deux mortiers rayés de 21 cent., vingt mortiers lisses de 28 cent. (50 livres), et environ cinquante de 23 et de 15 cent. (25 et 7 livres). Toutes ces batteries, isolées ou par groupes, et reliées par des tranchées les unes aux autres, et avec les parallèles et leurs approches, étaient les unes indépendantes, les autres établies sur le front des parallèles; toutes étaient enfoncées à 1^{m}10, et construites avec les dimensions réglementaires. Le champ d'attaque, parfaitement plat, avait permis de les faire planes, régulières et correctes; peu d'entre elles s'écartaient de la règle : nous citerons par exemple la batterie n° 33, qui était disposée en étages. Le sol, argileux à une grande profondeur, se prêtait à la construction des batteries; cette terre forte permettait de donner aux terrassements des inclinaisons aussi prononcées qu'on le voulait, sans qu'on fût obligé de les revêtir; les parties entaillées elles-mêmes restèrent le plus souvent sans revêtement. Outre les fascines et les gabions, on employait d'ailleurs pour les revêtements des matériaux qui pouvaient les remplacer, tels que ceux qu'avaient fournis en abondance les maisons démolies, situées sur le terrain de l'attaque. Par suite de la nécessité dans laquelle on se trouvait, pour la construction des batteries et en général pour tous les travaux de siége, d'employer de grandes quantités de gabions et de les confectionner rapidement, on comprend que ce fascinage laissait à désirer sous le rapport de la confection : beaucoup de revêtements en gabions se détériorèrent prématurément dans les batteries. Les dépôts de munitions des batteries de canons et les magasins à poudre des batteries de mortiers, construits en gabions, étaient situés le plus souvent en arrière et de côté, sur une communication particulière, ou sur les approches avec les batteries mêmes; les revêtements de ces magasins n'ont pas toujours paru résister convenablement, et plusieurs fois ils furent traversés par les lourdes bombes françaises. Par suite du système uniforme d'affûts élevés des canons de divers calibres, toutes les batteries purent être construites exactement de la même manière; les embrasures étaient très-peu profondes et allaient en diminuant du côté de l'ennemi.; seules les contre-batteries présentaient, dans l'épaulement plus élevé du couronnement du chemin couvert, des embrasures un peu plus profondes; elles étaient en partie munies d'une espèce de portières. Des traverses et des abris couverts étaient établis dans les batteries; leur nombre variait avec les dangers que couraient les batteries, leur disposition avec les matériaux qu'on avait sous la main. Dans celles qui étaient particulièrement exposées au feu des mortiers, les abris étaient blindés avec des rails de chemin de fer; mais ce blindage n'offrait guère plus de sécurité contre la pénétration. Construites à la hâte pendant la nuit et sous le feu de l'ennemi, les batteries ne pouvaient prétendre à une grande netteté de contours; on n'en négligeait que moins possible ce qu'il y avait de réellement important dans leur construction; les épaulements étaient, généralement de force à résister à un feu d'artillerie plus puissant que celui qu'entretenait ordinairement la place. De même que l'assiégé ne put parvenir à empêcher son adversaire de construire des batteries, de même aussi les batteries une fois construites n'eurent à souffrir, à part l'éboulement de deux magasins, que des dégâts insignifiants, qui ne purent gêner beaucoup leur tir. Il est vrai que les batteries n'offraient pas de buts dominants, ni considérables; c'étaient seulement des amas confus, dont les vagues contours se perdaient au milieu de ce dédale de terrassements de toute espèce, et elles n'offraient rien de saillant ni par leurs embrasures ni par leurs pièces. Les batteries étaient d'une construction plus simple, mieux couvertes et moins exposées, grâce aux affûts avec grande hauteur de fer, et aux pièces avec chargement par la culasse : avec ces pièces on peut employer des coins d'arrêt qui, non-seulement diminuent sans inconvénient le recul, mais permettent en même temps à la pièce de rouler d'elle-même vers l'épaulement. Dans toutes les batteries, étaient inscrits sur des tableaux en bois fichés en terre, le numéro et l'armement de la batterie, les buts à battre et leurs distances, ainsi que les numéros des batteries voisines qui avaient à tirer également sur les mêmes points ; en outre de nombreux poteaux indicateurs permettaient de trouver chaque batterie au milieu de ce système compliqué de tranchées et de communications de toute sorte.

Les batteries de l'attaque principale lancèrent, pendant les trente-et-un jours de siége régulier, avec les canons et les mortiers de tout calibre, un total de 162,600 obus ordinaires, obus à balles et bombes, soit par jour une moyenne de 5,240 coups. A cela il faut ajouter 12,000 projectiles lancés contre la place pendant le bombardement, et les 31,122 dont les batteries de l'attaque secondaire couvrirent, de Kehl, la citadelle et les environs. L'assiégeant n'avait pas épargné les munitions, afin de ne pas laisser respirer son adversaire, et l'approvisionnement journalier des batteries exigeait, du parc de siége de Wendenheim, des transports très-considérables : ces transports, avec ceux du matériel de toute sorte nécessaire aux batteries, exigeaient environ 300 voitures de réquisition à deux chevaux, quelquefois davantage. Le transport des munitions et du matériel des batteries se faisait chaque soir par la grande route, du parc à Schiltigheim ; le tout arrivait à la tombée de la nuit et on le répartissait entre les batteries ; la place, qui avait remarqué sans doute le lieu et l'heure d'arrivée, saluait le convoi par des salves d'artillerie qui lui causait peu de mal. Dans le principe on se servait de voitures et de voituriers de réquisition ; mais comme ils se montraient peu rassurés sous le feu de la place, on n'employa bientôt plus pour le transport au champ d'attaque que le train militaire ; on disposait à cet effet de trois divisions du train, auxquelles on adjoignit un détachemont d'attelages réquisitionnés. Les projectiles et le gargousses destinés aux canons étaient envoyés du parc aux batteries, tout prêts à être tirés, empaquetés dans des caisses, de sorte que les batteries de mortiers seulement avaient leurs projectiles à charger. De son côté, le parc recevait les boîtes à balles munies de leurs chemises minces et soudées, et les obus allongés de 15 cent. (1) et de 21 cent. également pourvus de leurs chemises de plomb; il avait au contraire à munir les projectiles ordinaires de chemises de plomb épaisses et simplement coulées. L'emploi considérable de pareils projectiles exigeait donc une vaste direction ; elle était organisée de telle sorte que plus de 6,000 obus pouvaient être achevés chaque jour. Ce travail demandait de grands soins et beaucoup de surveillance, afin qu'aucun projectile n'arrivât aux batteries avec une enveloppe de plomb insuffisamment adhérente, car on faisait continuellement feu pardessus les travaux d'attaque exécutés en avant des batteries.

Le total des coups tirés pendant le cours du siége régulier se répartit de la façon suivante , d'après le genre des pièces et des projectiles :

Canons de 24 longs...... 33.000	{	28.000 obus ordinaires.
		5.000 obus à balles.
Canons de 24 courts..... 3.000		avec des obus allongés.
Canons de 12........... 56.000	{	45.000 obus ordinaires.
		11.000 obus à balles.
Canons de 6........... 12.000	{	8.000 obus ordinaires.
		4.000 obus à balles.
Mortiers rayés de 21 c. .. 600		avec des obus allongés.
Mortiers lisses de 28 c. .. 15.000		avec des bombes.
Mortiers lisses de 23 c. .. 20.000		Id.
Mortiers lisses de 15 c. .. 23.000		Id.

Le rapport de trois à cinq du nombre de coups tirés avec

(1) Obus de 24.

les mortiers, à celui des coups tirés avec les canons rayés prouve de nouveau que l'introduction des canons rayés n'a pas diminué, mais a augmenté au contraire l'importance du tir en bombe dans la guerre de siége; et la quantité, relativement considérable, de bombes lancées avec les mortiers de petit calibre, montre la grande valeur de ces pièces, qui peuvent être établies facilement partout et être transportées jusque dans les travaux d'attaque les plus rapprochés de la place. Si l'assiégé avait compris le juste emploi qu'il pouvait faire de ses mortiers aussi bien que l'assiégeant, il aurait pu considérablement gêner la marche de ce dernier. Les nombres de coups tirés avec les canons de 24 longs, ceux de 12 et ceux de 6, sont entre eux comme 3 : 5 : 1 ; les nombres des pièces de ces trois calibres ayant pris part au feu, calculés d'après l'armement existant le jour de la capitulation, sont entre eux comme 1 : 3 : 1 ; ces chiffres donnent pour la part prise au feu par les pièces de chaque calibre la proportion 3 : 2 : 1. Les trois batteries de canons de 24 longs avaient une action plus étendue ; elles embrassaient une série de buts plus considérable ; par suite ces batteries entretenaient naturellement aussi un feu plus puissant, plus persévérant : c'était en particulier le cas de la batterie n° 1, qui fit feu depuis le premier jour du siége jusqu'au dernier. Mais l'action développée par l'artillerie l'a été principalement au moyen des canons de 12, qui étaient appelés encore ici, par leur puissance de tir et leur mobilité, à prendre la première place par le nombre dans la composition des équipages de siége.

L'assiégeant cherchait à rapprocher ses pièces le plus possible ; on comprend donc de quelle importance devenait le canon de 12, que sa légèreté et sa puissance de tir permettaient de transporter au loin, et d'employer pour atteindre de positions tout à fait rapprochées, les buts qu'on voulait battre ; sa grande rapidité de tir le rendait capable de démonter aussitôt toute pièce qui se laissait voir, et avec ses obus à balles, il pouvait aider considérablement à paralyser le feu de mousqueterie de la défense. Il faut remarquer, en général, l'importance que prit l'usage des obus à balles : les canons de 24 en tirèrent environ le cinquième, les canons de 12 le quart, et les canons de 6 jusqu'à la moitié du nombre correspondant d'obus ordinaires. Ce fut à Strasbourg pour la première fois que, dans la guerre de siége, on donna une telle extension au tir à obus à balles, et ses effets ont pleinement répondu au développement qu'il y a reçu; il a beaucoup contribué à paralyser la défense de plus en plus chaque jour : le manque de traverses sur les remparts laissait à l'assiégé peu d'abri contre la mitraille de son ennemi, auquel la bonne direction de son tir, la précision de ses pièces et la parfaite disposition de ses fusées fusantes, permettaient de faire éclater ses projectiles au point voulu avec une exactitude rigoureuse.

Les obus allongés de 24 ayant servi non-seulement pour l'établissement des brèches, mais aussi, avec les canons de 24 courts, contre d'autres buts, comme la lunette 44, il s'ensuit qu'il y a quelque incertitude relativement à la quantité de projectiles qu'il a fallu employer pour déterminer, au tir plongeant, les trois brèches, qui comportent ensemble une longueur d'environ 60 mètres; mais, en tout cas, la quantité de munitions employées pour 1 mètre de brèche est incomparablement moindre que celle qu'il a fallu à l'artillerie française, dans ses dernières expériences sur le tir en brèche indirect, avec son canon de 24 court, à une distance semblable.

La plupart de nos lecteurs ont dû avoir l'occasion de se convaincre par eux-mêmes de l'effet produit par l'artillerie de siége sur les ouvrages de la place. Mais quelqu'imposantes que leur aient paru être ces ruines amoncelées, ils ont pu remarquer la quantité d'abris que l'assiégé pouvait encore trouver dans ces parapets, à la vérité horriblement dévastés et devenus informes, mais qui, en somme, ne furent ni traversés, ni même écrêtés d'une manière considérable : ils ont même dû s'étonner du peu de dégâts qu'ont souffert les abris murés et les blindages, qui furent organisés en grand nombre pendant le cours du siége : à part le réduit de la lunette 44 et une traverse-magasin du front d'attaque, l'intérieur de tous les abris murés qui existaient est resté intact, et les blindages improvisés n'ont éprouvé aucun dégât sérieux. L'effet du tir de l'artillerie de siége avait été incomparablement plus terrible sur le matériel d'artillerie et les défenseurs mêmes de la place; en particulier, les pièces démontées donnent une preuve de la justesse du tir de l'assiégeant. Plus de quatre-vingt-dix pièces avaient été atteintes et mises hors de service; beaucoup d'entre elles avaient reçu plusieurs coups, dont un grand nombre à la bouche même; des affûts démontés en quantité plus considérable encore, et une foule d'objets appartenant au matériel de l'artillerie gisaient épars dans les ouvrages bombardés. La garnison avait environ 2,500 hommes hors de combat, tués ou blessés : le plus grand nombre avait été atteint par le feu de l'artillerie. Comparées à ces pertes, celles que l'assiégeant subit par le feu de l'artillerie de la place, sont très-minimes : trois pièces seulement furent démontées, et 351 hommes mis hors de combat, dont 60 au plus par l'artillerie. Un tel rapport entre les effets produits par les deux parties adverses jette nécessairement un jour défavorable sur la manière dont Strasbourg fut défendu par l'artillerie, et donnera lieu à de sévères jugements : il ne faut pas chercher la cause de cette impuissance uniquement dans la faiblesse de la garnison d'artillerie, dans la négligence avec laquelle la défense fut préparée, et dans la perte si sensible des 35,000 fusées de projectiles qu'on laissa brûler; mais que pouvait-on attendre de plus de ceux qui dirigeaient la défense, puisqu'ils ne furent même pas capables de trouver, dans une population aussi riche et aussi industrielle que celle de Strasbourg, les moyens de suppléer promptement à cette perte (1) ?

Les pièces de l'assiégeant eurent plus à souffrir de leur propre feu, que de celui de la place : il se produisit de nombreux affouillements, qui nécessitèrent le remplacement des pièces et leur réparation dans les parcs de siége organisés à cet effet; ces dégradations se manifestèrent particulièrement sur les canons de 24 longs, dont on fit tant usage; des ruptures de tourillons eurent lieu sur les mortiers de fort calibre, et les affûts exigèrent de nombreuses réparations.

Bien que ce siége ait coûté peu de victimes à l'artillerie allemande, son service n'en fut pas moins rempli de dangers et de fatigues, surtout pour les officiers, dont le tour de service revenait encore plus souvent que pour les hommes par suite de leur petit nombre. Les hommes passaient généralement un jour sur trois dans les batteries, souvent un sur deux ; ils étaient relevés à midi. Les dangers et les fatigues étaient supportés gaiement et avec une persévérance tenace ; l'infanterie et les pionniers rivalisaient ardemment pour accomplir des choses qui semblaient impossibles.

Les brillants résultats obtenus par l'artillerie de siége lui ont acquis une grande renommée, et sans se laisser aveugler par ce succès, ni vouloir anticiper sur le jugement des hommes compétents, on peut dire que l'attaque de Strasbourg, au point de vue de l'artillerie, ne pouvait être conduite d'une manière plus glorieuse.

(1) Nous faisons remarquer que c'est l'auteur allemand qui parle. (*N. de la R.*)

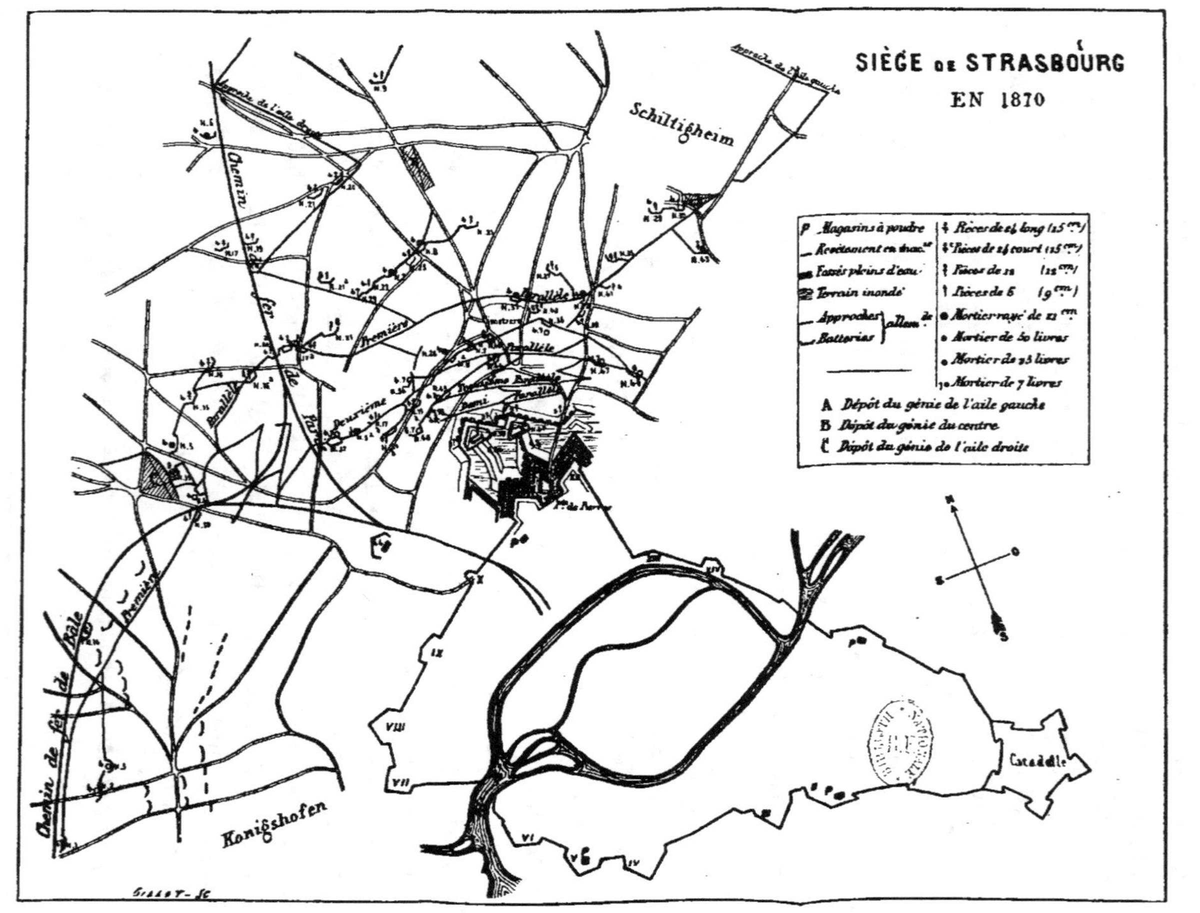

SIÈGE DE STRASBOURG
EN 1870
Schiltigheim
Königshofen
Citadelle
Chemin de fer de Bâle
Chemin de fer de Paris
Première parallèle
Deuxième parallèle
Demi-parallèle
P Magasins à poudre
Revêtement en maç.
Fossés pleins d'eau
Terrain inondé
Approches allant de Batteries
Pièces de 24 long (15 cm)
Pièces de 24 court (15 cm)
Pièces de 12 (12 cm)
Pièces de 8 (9 cm)
Mortier rayé de 22 cm
Mortier de 50 livres
Mortier de 23 livres
Mortier de 7 livres
A Dépôt du génie de l'aile gauche
B Dépôt du génie du centre
C Dépôt du génie de l'aile droite
GILLOT - SC

CH. TANERA, ÉDITEUR

LIBRAIRIE POUR L'ART MILITAIRE ET LES SCIENCES

RUE DE SAVOIE, 6, A PARIS

EXTRAIT DU CATALOGUE

ARTILLERIE (L') de campagne française; étude comparative du canon rayé français et des canons étrangers. Br. in-8°.   1 fr. 50

BORMANN. — Nouvel obus pour bouches à feu rayées. Br. in-8° avec planche. . . . . 2 fr.

CHARRIN. — Le revolver, ses défauts et les améliorations qu'il devrait subir au point de vue de l'attaque et de la défense individuelles. Br. in-8° . . . . 1 fr.

CHARRIN. — De l'emploi d'un abri improvisé, expéditif et efficace pour protéger le fantassin contre les balles de l'ennemi. Le havre-sac pare-balles. Br. in-8° avec figures. . . 1 fr. 25

COYNART (DE). — Précis de la guerre des États-Unis d'Amérique. 1 vol. in-8° . . . . 5 fr.

COSTA DE SERDA. — Les chemins de fer au point de vue militaire. Extrait des instructions officielles et traduit de l'allemand. 1 vol. in-8° . . . . 3 fr.

FIX. — La télégraphie militaire; résumé des conférences faites à l'École d'application du corps d'état-major. Br. grand in-8° avec planche. . . . . 2 fr. 50

FRITSCH-LANG. — L'artillerie rayée prussienne à l'attaque de Düppel, d'après les auteurs allemands. Br. in-8° avec carte. 2 fr. 50

GRATRY. — Essai sur les ponts mobiles militaires. 1 vol. grand in-8° avec planches. . . . . 8 fr.

GRATRY. — Description des appareils de maçonnerie les plus remarquables employés dans les constructions en briques. 1 vol. grand in-8° avec de nombreuses gravures sur bois . . 6 fr.

HENRY. — Essai sur la tactique élémentaire ˙ l'infanterie, mise en rapport avec le perfectionnement de˙ ˙rmes. Br. in-8° avec figures . . . . 2 fr.

LE BOULENGÉ. — Études de balistique expérimentale. Détermination au moyen de la clepsydre électrique de la durée des trajectoires; expériences exécutées avec cet instrument; lois de la résistance de l'air sur les projectiles des canons rayés déduites des résultats obtenus. Br. in-8° avec planches. . . . . 4 fr.

LECOMTE. — Études d'histoire militaire, antiquité et moyen âge. 1 vol. in-8° . . . . 5 fr.

LECOMTE. — Études d'histoire militaire, temps modernes jusqu'à la fin du règne de Louis XIV. 1 vol. in-8°. . . . . . . 5 fr.

LECOMTE. — Guerre de la Prusse et de l'Italie contre l'Autriche et la Confédération germanique en 1866; relation historique et critique. 2 vol. grand in-8° avec cartes et plans. . 20 fr.

LECOMTE. — Guerre de la sécession; Esquisse des événements militaires et politiques des États-Unis, de 1861 à 1865. 3 vol. grand in-8° avec cartes. . . . . 15 fr.

LECOMTE. — Le général Jomini, sa vie et ses écrits. Esquisse biographique et stratégique. 1 vol. in-8° avec carte. 7 fr. 50

LIBIOULLE. — Le revolver Galand, nouveau système à percussion centrale et extracteur automatique. Br. in-8° avec fig. 1 fr.

LULLIER. — La vérité sur la campagne de Bohême en 1866, ou les quatre grandes fautes militaires des Prussiens. Br. in-8°. 1 fr.

MANGEOT. — Traité du fusil de chasse et des armes de précision, nouvelle édition. 1 vol. in-8° avec figures dans le texte et planches . . . . 5 fr.

MARNIER. — Souvenirs de guerre en temps de paix : 1793, 1806, 1823, 1862, récits historiques et anecdotiques extraits de ses Mémoires inédits. 1 vol. in-8° . . . . 3 fr.

MOSCHELL. — De l'effet du tir à la guerre et de ses causes perturbatrices. Br. in-8°. . . . . 1 fr.

ODIARDI. — Des nouvelles armes à feu portatives adoptées ou à l'étude dans l'armée italienne. Br. in-8° avec planche. . 2 fr.

ODIARDI. — Des balles explosibles et incendiaires. Br. in-8° avec planche. 2 fr.

PIRON. — Manuel théorique du mineur; nouvelle théorie des mines, précédée d'un exposé critique de la méthode en usage pour calculer la charge et les effets des fourneaux, et d'une étude sur la poudre de guerre. 1 vol. grand in-8° avec pl. 12 fr.

PIRON. — Essai sur la défense des eaux et sur la construction des barrages. 1 vol. grand in-8° avec planches. . . . 6 fr.

PLOENNIES (DE). — Le fusil à aiguille, notes et observations critiques sur l'arme à feu se chargeant par la culasse, traduit de l'allemand par E. Heydt. Br. in-8° avec planche. . . . 3 fr.

QUESTIONS de stratégie et d'organisation militaire relative aux événements de la guerre de Bohême, par un officier général (Jomini). Br. in-8°. . . . . 1 fr.

SCHMIDT. — Le développement des armes à feu et autres engins de guerre, depuis l'invention de la poudre à tirer jusqu'aux temps modernes. 1 vol. in-8°, avec 107 planches. . . 10 fr.

SCHOTT. — Des forts détachés, traduit de l'allemand par Bacharach. Br. in-8° avec planche . . . . 2 fr.

SCHULTZE. — La nouvelle poudre à canon, dite poudre Schultze, et ses avantages sur la poudre à canon ordinaire et autres produits analogues. Traduit de l'allemand par W. Reymond. Brochure in-8°. . . . . 2 fr.

TACKELS. — Étude sur le pistolet au point de vue de l'armement des officiers. Br. in-8° avec figures . . . . 1 fr. 50

TACKELS. — Conférences sur le tir, et projets divers relatifs au nouvel armement. 1 vol. in-8° avec planches . . . 5 fr.

TACKELS. — Étude sur les armes à feu portatives, les projectiles et les armes se chargeant par la culasse. 1 vol. in-8° avec pl. 6 fr.

TACKELS. — Les fusils Chassepot et Albini, adoptés respectivement en France et en Belgique. Br. in-8° avec planches. 2 fr.

TACKELS. — Armes de guerre; Étude pratique sur les armes se chargeant par la culasse; les mitrailleuses et leurs munitions; le canon Montigny-Eberhaerd; le fusil Montigny; les fusils Charrin, Remington, Jenks, Cochran, Howard, Peabody, Dreyse, Chassepot, Snider, Terssen, Albini; les cartouches périphériques, etc., etc. 1 vol. in-8° avec planches. . . . . . . 8 fr.

TACKELS. — La carabine Tackels-Gerard, nouveau système de culasse mobile, dite à bloc, à percussion centrale pour armes de guerre. Br. in-8° . . . . 50 c.

TACKELS. — Le nouvel armement de la cavalerie depuis l'adoption de l'arme se chargeant par la culasse. 1 vol. in-8°, avec planches. 5 fr.

UNGER. — Histoire critique des exploits et vicissitudes de la cavalerie pendant les guerres de la Révolution et de l'Empire jusqu'à l'armistice du 4 juin 1813, d'après l'allemand. 2 volumes in-8° . . . . 12 fr.

VANDEVELDE. — La tactique appliquée au terrain. 1 vol. in-8° avec atlas . . . . 7 fr. 50

VANDEVELDE. — Manuel de reconnaissances, d'art et de sciences militaires, ou Aide-mémoire pour servir à l'officier en campagne. 1 vol. in-18 avec planches . . . . 5 fr.

VANDEVELDE. — Précis historique et critique de la campagne d'Italie en 1859. 1 vol. in-8° avec cartes et plans. . . 12 fr.

VANDEVELDE. — La guerre de 1866 en Allemagne et en Italie. 1 vol. in-8° avec cartes . . . . 6 fr.

VANDEVELDE. — Commentaire sur la tactique à propos du *Mémoire militaire* par le prince Frédéric-Charles de Prusse. Br. in-8°. 2 fr.

VARNHAGEN VON ENSE. — Vie de Seydlitz, traduit de l'allemand par Savin de Larclause. 1 vol. in-8° avec portrait et plans. 3 fr.

VERTRAY. — Album de l'expédition française en Italie en 1849, contenant 14 dessins, 4 cartes topographiques indiquant les opérations militaires, avec un texte explicatif. 1 vol. grand in-folio. 10 fr.

WAUWERMANS. — Mines militaires. Études sur la science du mineur et les effets dynamiques de la poudre (application de la thermodynamique). 1 vol. in-8° avec planches . . . . 7 fr. 50

WAUWERMANS. — Applications nouvelles de la science et de l'industrie à l'art de la guerre. — Télégraphie militaire. — Aérostation. — Éclairage de guerre. — Inflammation des mines. 1 vol. in-8° avec figures. . . . . 4 fr.

NOUVELLES PUBLICATIONS

BAYLE. — L'électricité appliquée à l'art de la guerre. Br. grand in-8° avec planches. . . . . 3 fr.

BODY. — Aide-Mémoire portatif de campagne pour l'emploi des chemins de fer en temps de guerre, d'après les derniers événements et les documents les plus récents. 1 vol. in-18 avec planches . . . . 4 fr.

FIX. — Guide de l'officier et du sous-officier aux avant-postes, d'après les meilleurs auteurs. 1 vol. in-18 . . . . . 2 fr 50

ODIARDI. — Les armes à feu portatives rayées de petit calibre. 1 vol. in-8° avec planches . . . . 3 fr.

PEIN. — Lettres familières sur l'Algérie, un petit royaume arabe. 1 vol. in-12. . . . . 3 fr.

POULAIN. — Lettres sur l'artillerie moderne, canon de 7 et gargousse obturatrice, le bronze et l'acier, mitrailleuse française. Br. in-8° . . . . 1 fr.

SUZANNE. — Des causes de nos désastres ; la proscription des armes et le monopole de l'artillerie. Br. grand in-8° . 2 fr.

----

400 — Paris, Imp. H. Carion, rue Bonaparte, 64.